Matthew Rake

GEWALTIG!
GIGANTISCH!
GEFÄHRLICH!

Urzeittiere erobern unsere Stadt

Mit farbigen Bildern
von Simon Mendez

FISCHER Meyers Kinderbuch

Weitere Informationen zum Kinder- und Jugend-
buchprogramm der S. Fischer Verlage finden sich auf
www.fischerverlage.de

Erschienen bei FISCHER Meyers Kinderbuch

Titel der Originalausgabe:
If prehistoric beasts were alive today
© 2017 Hungry Tomato Ltd
Text: Matthew Rake
Illustrationen: Simon Mendez
Übersetzung aus dem Englischen: Cornelia Panzacchi

© 2018 S. Fischer Verlag GmbH,
Hedderichstr. 114, D-60596 Frankfurt am Main
»Meyers« ist eine eingetragene Marke des Verlags
Bibliographisches Institut GmbH, Berlin.
Alle Rechte vorbehalten

Umschlaggestaltung: Karin Dahlhaus, MT-Vreden
Layout: www.collaborate.agency
Satz: MT-Vreden
Printed in China

ISBN 978-3-7373-7199-5

INHALTSVERZEICHNIS

* MJ bedeutet: vor Millionen Jahren

SEHR ALT UND SEHR GROSS

Jeder kennt die Dinosaurier und weiß, dass viele von ihnen sehr groß waren. Aber wusstest du, dass es in der Urzeit auch andere Tiere gab, die ebenfalls riesig waren? Zum Beispiel ein Krokodil, das Dinosaurier fraß. Oder ein 2,5 Meter großer Vogel mit einem 46 Zentimeter langen Schnabel. Kannst du dir vorstellen, was passieren würde, wenn diese Tiere wieder lebendig wären?

Alles Leben begann im Meer.
Hier entwickelten sich vor 550 Millionen Jahren die allerersten Tiere. Manche sahen ziemlich seltsam aus, wie die sechs Zentimeter lange *Opabinia* (rechts): Sie besaß fünf Augen, aber nur eine Greifkralle an ihrem einzigen Arm.

Die Tiere wurden immer größer.
Vor 475 Millionen Jahren lebten riesige Meeresskorpione sowie *Nautiloideen* (Verwandte unserer Tintenfische), die so groß waren wie heutige Krokodile. Mit der Zeit entwickelten sich bei manchen Meeresbewohnerarten Gliedmaßen und einige krochen an Land. Einer davon war *Acanthostega* (unten).

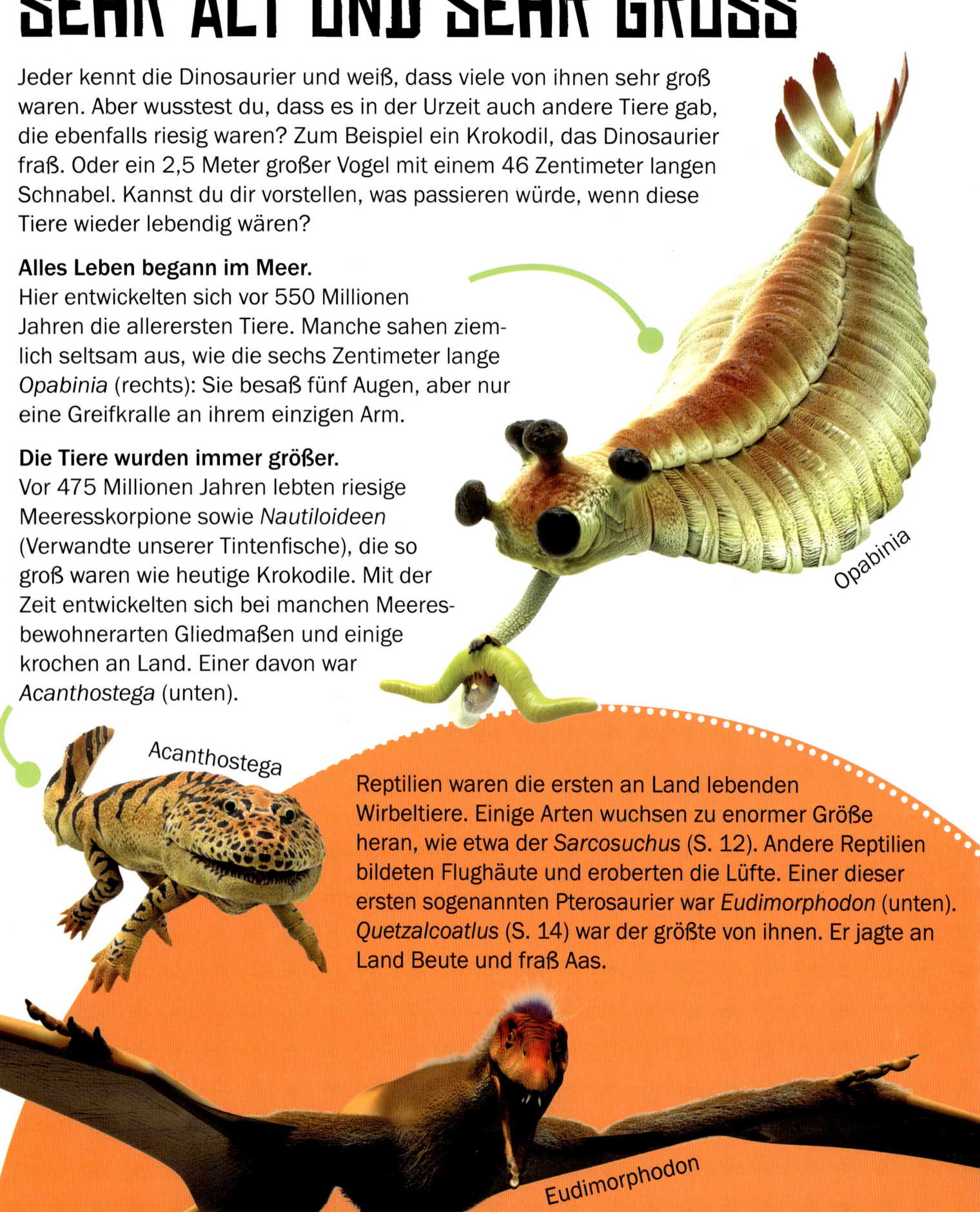

Opabinia

Acanthostega

Reptilien waren die ersten an Land lebenden Wirbeltiere. Einige Arten wuchsen zu enormer Größe heran, wie etwa der *Sarcosuchus* (S. 12). Andere Reptilien bildeten Flughäute und eroberten die Lüfte. Einer dieser ersten sogenannten Pterosaurier war *Eudimorphodon* (unten). *Quetzalcoatlus* (S. 14) war der größte von ihnen. Er jagte an Land Beute und fraß Aas.

Eudimorphodon

Die Entwicklung der Säugetiere begann gleichzeitig mit der Entwicklung der Dinosaurier vor ungefähr 240 bis 230 Millionen Jahren. Die frühesten Arten waren noch ziemlich klein, doch nachdem die Dinosaurier ausgestorben waren, **erreichten viele Säugetierarten eine beträchtliche Größe.**

Diese großen Säuger waren mit kräftigen Muskeln und beachtlichen Gebissen ausgestattet und daher erfolgreiche Raubtiere. Die erst vor 10 000 Jahren ausgestorbene Säbelzahnkatze *Smilodon* (links und S. 24) wurde bis zu 400 Kilo schwer und wog damit wesentlich mehr als heutige Raubkatzen. **Sogar Vögel konnten sehr, sehr groß werden!**

In diesem Buch lernst du *Smilodon* ebenso kennen wie den flusspferdähnlichen *Estemmenosuchus* (S. 20) oder die seltsamsten Reptilien. Stell dir vor, was passieren würde, wenn sie plötzlich in unserer Welt auftauchten. Wahrscheinlich ein ziemliches Chaos!

Blättere um ... Aber nur, wenn du sehr mutig bist! Denn auf den folgenden Seiten siehst du, was geschehen könnte, wenn die Tiere der Urzeit unsere Welt erobern würden.

Smilodon

Estemmeno-
suchus

7

RIESEN-NAUTILUS

CAMEROCERAS

Heutige *Nautiloideen*, Perlboote genannt, schwimmen in den Meeren rings um die Philippinen und Australien. Sie werden nur ungefähr 20 Zentimeter groß und ihr Körper steckt in einer hübschen Schale. Für uns sind sie vollkommen ungefährlich. *Cameroceras* aber war länger als ein Kleinbus und vertilgte Tiere von der Größe heutiger Krokodile! *Cameroceras* fing seine Beute mithilfe einer größeren Anzahl von Tentakeln und biss und zerteilte sie sodann mit seinem kräftigen Schnabel. Dieser war derartig stabil und scharfkantig, dass *Cameroceras* damit sowohl harte Schalen als auch dicke Reptilien-panzer knacken konnte. Seine modernen Verwandten, die Perlboote, besitzen eine »Raspelzunge« oder »Radula«: Die Zunge ist mit unzähligen Zähnchen besetzt und dient dazu, das Fleisch der Beute förmlich wegzuraspeln und dadurch zu zerkleinern. Forscher nehmen an, dass *Cameroceras* ebenfalls über eine Raspelzunge verfügte. Wenn er heute noch lebte, würde er selbst mit einem großen Krokodil kurzen Prozess machen!

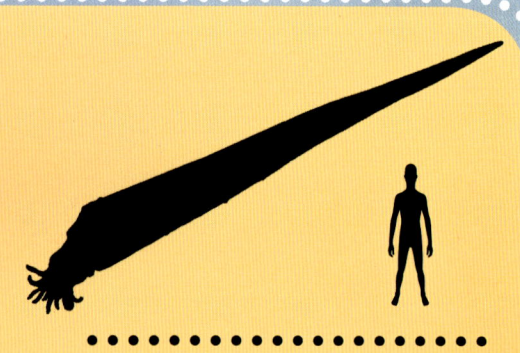

CAMEROCERAS

LEBTE
vor 470 – 451 Millionen
Jahren in nördlichen
Meeren

LÄNGE
bis zu 6 m

SCHWER BEWAFFNET

Heutige Nautiloideen besitzen bis zu 94 Tentakel (Fangarme). Mit manchen identifizieren sie chemische Stoffe. Mit anderen führen sie Futter zum Schnabel. Anders als bei Tintenfischen haben die Tentakel keine Saugnäpfe: Die Beute bleibt an einem klebrigen Sekret haften.

MEGAGROSSER MEERESSKORPION

EURYPTERID

Skorpione sehen immer gruselig aus, auch wenn sie nur wenige Zentimeter lang sind. Aber kannst du dir vorstellen, wie horrormäßig ein Skorpion aussieht, der so groß wie ein erwachsener Mensch ist? Tatsächlich waren die Meeresskorpione, Vorfahren der heutigen Skorpione, so groß. Sie schwammen oder krabbelten am Meeresboden entlang und waren erfolgreiche Beutejäger.

Dank des langen Schwanzes und der wie Paddel geformten Schwimmbeine glitt der Meeresskorpion flink durch das Wasser. Seine Beute packte und zerteilte er mit den Scheren. Diese waren so groß wie Tennisschläger und mit scharfen Stacheln besetzt, sodass sich die Beute aus ihrem tödlichen Griff nicht mehr befreien konnte.

EURYPTERIDEN

LEBTEN
ungefähr vor 467–250 Millionen Jahren in allen Weltmeeren

LÄNGE
bis zu 2,5 m

FOSSILIENFUNDE

Warum ist New York berühmt? Ganz klar: wegen seiner vielen Wolkenkratzer, dem Broadway, den tollen Geschäften ... Der US-Bundesstaat New York kann sich aber auch rühmen, dass auf seinem Territorium Hunderte fossiler *Eurypteriden* gefunden wurden, und das schon seit 1818!

Was wäre, wenn es diese großen *Eurypteriden* heute noch gäbe? Der Taucher auf unserem Bild wäre echt in Schwierigkeiten. Aber wenn er schnell wegschwimmt, büßt er höchstens eine Schwimmflosse ein!

PANZERFISCH IN U-BOOT-GRÖSSE

DUNKLEOSTEUS

Wenn es den riesigen Panzerfisch heute noch gäbe, könnte der Delfin auf unserem Bild ihm dann entkommen? Wohl kaum, denn der riesige Urzeitfisch bräuchte nur Wasser anzusaugen, und schon wäre der Delfin in seinem Maul. Untersuchungen an Fossilien von *Dunkleosteus* zufolge konnte er sein Maul in einer Fünfzigstelsekunde aufreißen. Dadurch entstand ein mächtiger Sog. Seine Bisskraft wird auf 5000 Newton geschätzt und ist damit wesentlich höher als die heutiger Löwen, Tiger oder Hyänen. Infolgedessen zählte *Dunkleosteus* zu den erfolgreichsten Raubtieren seiner Zeit und bildete das Ende einer Nahrungskette. Dennoch musste er sich in Acht nehmen, und zwar vor seinen Artgenossen. An manchen Fossilien von *Dunkleosteus* fand man Bissspuren derselben Art. Möglicherweise kämpften die riesigen Panzerfische um Reviere. Oder aber sie hatten nur unheimlich großen Appetit … auf Fisch.

DUNKLEOSTEUS

LEBTE
vor 380–360 Millionen Jahren

LÄNGE
bis zu 10 m

GEWICHT
3–4 t

GUT GEPANZERT

Dunkleosteus gehörte zu einer Gruppe von Fischen, die man als *Placodermi* bezeichnete (vom griechischen Wort für »Plattenhäuter« abgeleitet), oder auch als Panzerfische. Sein Schädel war bis zu 1,3 m breit und rundum gepanzert. Die Panzerplatten waren bis zu fünf Zentimeter dick und hatten um das Maul herum rasiermesserscharfe Kanten.

ALBTRAUM-TAUSENDFÜSSER
ARTHROPLEURA

Stell dir vor, du kommst nach Hause und dort warten zwei krokodilgroße Tausendfüßer auf dich: Vertreter der Gattung *Arthropleura*. Zum Glück starben sie vor 300 Millionen Jahren aus. Wahrscheinlich wurden sie deshalb so groß, weil die Luft auf der Erde damals viel sauerstoffreicher war, als heute.

Fleischfresser besitzen sehr kräftige Mundpartien, die gut versteinern. Da man sie bei den Fossilien dieser Art nicht fand, nimmt man an, dass sie Pflanzenfresser waren – und damit für die Frau auf dem Bild ungefährlich.

ARTHROPLEURA

LEBTEN
vor 355–300 Millionen Jahren im östlichen Nordamerika und westlichen Europa

LÄNGE
bis 2,3 m

KURZE URENKEL

Die größten heutigen Tausendfüßer wie etwa der in Ostafrika lebende *Archispirostreptus gigas* werden nur ungefähr 30 Zentimeter lang. Man müsste also sieben bis acht dieser Tiere hintereinander legen, um die Länge von *Arthropleura* zu erreichen.

GEMÜSEFANS

Möglicherweise ernährte sich *Arthropleura* auf dieselbe Weise wie viele heutige Tausendfüßer: von toten Pflanzenteilen. Die beiden Urzeit-Tausendfüßer auf unserem Bild haben sich also wahrscheinlich schon über die Topfpflanzen hergemacht, oder über die Obstschale.

URZEIT-HUBSCHRAUBER

MEGANEURA

Wir kennen Libellen als kleine zarte Kreaturen. Unter Insekten aber sind sie als hungrige Räuber gefürchtet, die Mücken und Moskitos, Tagfalter und Nachtfalter und die unterschiedlichsten Arten von Fliegen verfolgen und vertilgen.

Libellen jagen im Flug. Sie sehen besonders gut und sind außerordentlich geschickte Flieger. Um ihre Beute zu töten, beißt die Libelle sie in den Kopf. Dann trägt sie ihr Opfer zu einem erhöhten Punkt, trennt die Flügel ab und frisst sie, mit dem Kopf zuerst.

Zum Glück für uns werden Libellen heute höchstens acht Zentimeter lang und erreichen eine Spannweite von maximal 12 Zentimetern. Aber wie wäre es, wenn sie die Spannweite eines kleinen Greifvogels hätten? *Meganeura* lebte vor 300 Millionen Jahren im Karbon. Ebenso wie ihre heutigen Nachfahren jagte sie Insekten, vielleicht aber auch kleine Amphibien, Tausendfüßler und sogar kleine Reptilien. Sie hätte sogar Ratten fangen und fressen können – wenn es die damals gegeben hätte.

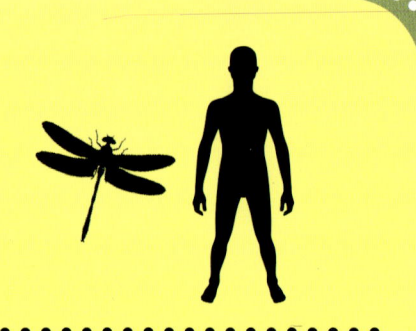

MEGANEURA

LEBTE
vor 300 Millionen Jahren
im westlichen Europa

SPANNWEITE
65–75 cm

INSEKTEN IN ÜBERGRÖSSE

Warum wurde *Meganeura* so groß? Forscher nehmen an, dass die Größe von Insekten davon abhängt, wie viel Sauerstoff in der Atmosphäre ist. Der heutige Sauerstoffgehalt beträgt ungefähr 21 Prozent, vor 300 Millionen Jahren lag er bei 35 Prozent.

SAURIER MIT SEGEL
DIMETRODON

Ups! Bei dieser Regatta scheint etwas Ungewöhnliches passiert zu sein! Ein Teilnehmer kam unangemeldet und scheint nicht daran interessiert, als Erster ins Ziel zu segeln. Der seltsame Saurier erhielt von Wissenschaftlern den Namen *Dimetrodon*, und bisher konnte noch niemand herausfinden, wozu sein Rückensegel diente. Auf gar keinen Fall, um beim Schwimmen den Wind zu nutzen: Dies war eine Theorie, die im 19. Jahrhundert aufkam, als die ersten Fossilien dieser Art gefunden wurden. Andere glaubten, das Tier sei auf dem Rücken geschwommen und habe das Segel wie eine Flosse eingesetzt. Eine dritte Theorie besagte, es habe sich damit im Schilf getarnt. Allerdings wäre es da ohne Rückensegel noch besser getarnt gewesen.

DIMETRODON

LEBTE
vor 290–270 Millionen Jahren in Nordamerika und dem westlichen Europa

LÄNGE
ungefähr 3 m

GEWICHT
225 kg

Der gekenterte Segler auf unserem Bild würde sich aber wohl eher wegen *Dimetrodons* Zähnen Sorgen machen. Denn diese Art besaß als eine der Ersten Zähne mit Sägekanten, die Fleisch gut zerschnitten.

ZUM AUFWÄRMEN

Heute glaubt man, das Segel half *Dimetrodon*, sich im Sonnenschein aufzuwärmen. Das könnte wichtig gewesen sein, wenn diese Art ebenso wie heutige Reptilien wechselwarm war. Oder aber das *Dimetrodon*-Männchen spannte es auf, um Weibchen auf sich aufmerksam zu machen – ähnlich wie heutige Pfauen ihr Rad schlagen.

EUROPÄISCHE ART

Bisher wurden 13 Arten der Gattung *Dimetrodon* identifiziert, die erste davon 1878. Der jüngste Fund, *Dimetrodon teutonis* wurde 2001 in Deutschland ausgegraben und ist die einzige bisher in Europa entdeckte Art dieser Gattung.

FLUSSPFERD MIT GEWEIH?

ESTEMMENOSUCHUS

Was ist das nur für ein Tier? Ein Krokodil? Ein Flusspferd? Eine Kreuzung aus beiden? Nein, es ist ein *Estemmenosuchus*. Diese den Säugetieren ähnliche Gattung lebte bereits 25 Millionen Jahre bevor die ersten Dinosaurier auftraten.

Bisher konnte die Wissenschaft noch nicht klären, ob es sich dabei um einen Fleischfresser oder einen Pflanzenfresser handelt. Die scharfen Reiß- und Schneidezähne sehen aus, als wären sie für das Zerteilen von Fleisch wie geschaffen. Doch der massige Körper scheint eher dazu angelegt, große Mengen an Pflanzenkost zu verdauen. Und die kurzen Vorderbeine haben voneinander den idealen Abstand, um den Kopf zwischen sie zu senken und zu grasen. Aber vielleicht war *Estemmenosuchus* ja ein Allesfresser! Dann würde alles zusammenpassen.

So oder so bräuchte er vor den heutigen Löwen keine Angst zu haben. *Estemmenosuchus* war vermutlich nicht der Schnellste, doch dank der Hörner und des kräftigen Körpers wohl ein ernst zu nehmender Gegner. Mit 65 Zentimetern war sein Schädel doppelt so lang wie der eines Löwen.

ESTEMMENOSUCHUS

LEBTE
vor ungefähr 267 Millionen
Jahren in Russland

LÄNGE
bis zu 4,5 m

GEWICHT
ungefähr 450 kg

HALLO, HÜBSCHER!

Die Hörner von *Estemmenosuchus* wuchsen aufwärts-seitwärts aus dem Schädel und dienten wohl vor allem den Männchen dazu, Weibchen auf sich aufmerksam zu machen.

»KALBSGESICHT«

MOSCHOPS

Hast du schon einmal die Hunde anderer Leute spazieren geführt, um dir etwas Geld zu verdienen? Die Frau auf unserem Bild, die einen *Moschops* an der Leine spazieren führt, könnte dafür sicher einen Aufschlag verlangen. Denn diese säugetierähnliche Echse ist ein ziemlicher Brocken. *Moschops* lebte vor den Dinosauriern und war mit seinem massigen Körper auf kurzen Beinen vermutlich nicht besonders schnell. Aber man sollte ihn beim Gassigehen auch nicht zu sehr zur Eile antreiben! Seine Schädeldecke war bis zu 10 Zentimeter dick (also so dick wie ein Ziegelstein). Die Männchen kämpften, indem sie mit den Schädeln gegeneinanderstießen. Vielleicht stellten sie sich außerdem auch auf die Hinterbeine, um miteinander zu ringen. Ärgern sollte man einen *Moschops* also keineswegs!

MOSCHOPS

LEBTE
vor 267–260 Millionen
Jahren in Wäldern
Südafrikas

LÄNGE
knapp 3 m

GEWICHT
ungefähr 900 kg

FERNSEHSTAR

In den 1980er Jahren war ein *Moschops* Star einer gleichnamigen britischen TV-Serie. In der Serie kamen auch ein *Allosaurus*, ein *Diplodocus* und ein *Tyrannosaurus Rex* vor. In Wirklichkeit aber lebten diese Tiere zu unterschiedlichen Zeiten und hätten einander nie begegnen können.

UR-SÄUGETIER

INOSTRANCEVIA

Wölfe kontrollieren große Reviere, die sie mit Duftmarken und Geheul markieren. Gegen diesen Eindringling aber müssten sie schon strenger vorgehen. Die Echse auf dem Bild nennt man *Inostrancevia*. Sie besaß bis zu 15 Zentimeter lange Eckzähne. Die Backenzähne waren vergleichsweise klein, doch das machte nichts, weil das Tier seine Nahrung nicht kaute. Stattdessen riss es große Brocken aus der Beute und verschlang sie ganz. Das Kiefergelenk war so eingerichtet, dass *Inostrancevia* sein Maul sehr weit aufsperren konnte. So weit, dass es ein Wolfsjunges ganz hätte hinunterschlingen können – wenn es zu seinen Lebzeiten bereits Wölfe gegeben hätte! *Inostrancevia* lebte in einer Zeit, in der es noch gar keine Dinosaurier gab. Es war ein Reptil, also eine Echse, gehörte aber einer Gruppe an, aus der sich die Säugetiere entwickelten: den Therapsiden.

INOSTRANCEVIA

LEBTE
vor 260–254 Millionen
Jahren in Russland

LÄNGE
bis zu 3,5 m,
Schädellänge:
bis zu 60 cm

Während bei Reptilien die Gliedmaßen eher seitlich am Körper liegen, standen sie bei den Therapsiden unter dem Körper und konnten ihn deshalb besser hochstemmen. Deshalb und weil es lange Beine hatte, konnte *Inostrancevia* schneller laufen als andere Tiere seiner Zeit.

BESONDERE MERKMALE

Inostrancevia zählt zu den Gorgonopsiden, einer Gruppe von Therapsiden, die viele Säugetier-Merkmale aufwiesen, darunter unterschiedlich geformte Zähne, höher entwickelte Gehörknöchelchen und senkrecht unter dem Körper stehende Beine. Vermutlich aber besaßen sie kein Fell.

»GIRAFFENHALS-SAURIER«

TANYSTROPHEUS

Wer einen drei Meter langen Hals hat, braucht keine Angel mehr. Den Saurier mit dem langen Hals nennt man *Tanystropheus* und man nimmt an, dass er davon lebte, Fische zu fangen. Allerdings glaubte der italienische Paläontologe Francesco Bassani, der 1886 die ersten Fossilien von *Tanystropheus* fand, bei den Halswirbeln handle es sich um Flügelknochen eines riesigen Flugsauriers.

Wir wissen inzwischen, dass *Tanystropheus* nicht fliegen konnte, aber noch nicht, ob er an Land oder im Wasser lebte. Möglicherweise tat er beides, oder lebte an Küsten. Weil seine Vorderbeine kürzer als die Hinterbeine waren, könnte er am Ufer gestanden und den Kopf ins Wasser getaucht haben. Vielleicht lauerte er gerne an Gezeitentümpeln, in die bei jeder Flut neue Fische gespült wurden. Oder er fischte seine Beute direkt aus dem Meer. Zum Glück gibt es ihn inzwischen nicht mehr, und wir können alle beruhigt schwimmen gehen!

TANYSTROPHEUS

LEBTE
vor 215 Millionen Jahren
an europäischen Küsten

LÄNGE
ungefähr 6 m mit Hals

GEWICHT
140 kg

LANGER SCHWANZ

Die Hälfte der Körperlänge von *Tanystropheus* entfiel auf den drei Meter langen Hals. Der Schwanz war knapp zwei Meter lang. Der Körper selbst war nur ein Meter lang – ein Sechstel der Gesamtlänge.

GROSSMAUL

LEEDSICHTHYS

Dieser Fisch sieht furchterregend aus. Noch mehr Angst bekommt man, wenn man erfährt, dass er 40 000 Zähne besaß. Aber Entwarnung: *Leedsichthys* war gar kein Raubfisch, sondern ernährte sich von Zooplankton. (Das sind winzige Fische, Quallen, Krebse und andere Tiere, die nahe der Wasseroberfläche im Meer schwimmen.) Um möglichst viel von diesen kleinen Lebewesen zu erwischen, sperrte *Leedsichthys* sein Maul ganz weit auf. Die Zähne dienten ihm dabei als Filter. Wenn unser Bild Wirklichkeit wäre, müssten die Leute im Schlauchboot dennoch schneller paddeln, denn immerhin hat das Maul einen Durchmesser von über zwei Metern!

Leider konnte noch nicht viel über *Leedsichthys* herausgefunden werden. Die Forscher änderten laufend ihre Meinung darüber, wie groß er war. Im frühen 20. Jahrhundert nahm man an, er sei neun Meter lang gewesen. Gegen Ende des 20. Jahrhunderts aber glaubte man, seine Körperlänge läge über 30 Metern. Derzeit hält man 16,5 Meter für wahrscheinlicher. Angesichts dieser Unsicherheit überrascht es nicht, dass der wissenschaftliche Name dieses Tiers *Leedsichthys problematicus* lautet. Sicher aber ist: Er ist der größte bisher bekannte Knochenfisch aller Zeiten. *Megalodon* war zwar größer, aber ein Knorpelfisch.

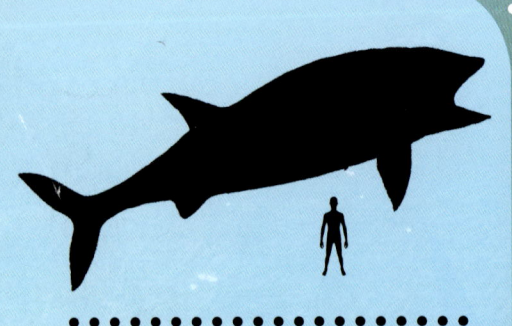

LEEDSICHTHYS

LEBTE
vor 165–155 Millionen Jahren in den Meeren um Europa und Südamerika

LÄNGE
bis zu 16,5 m

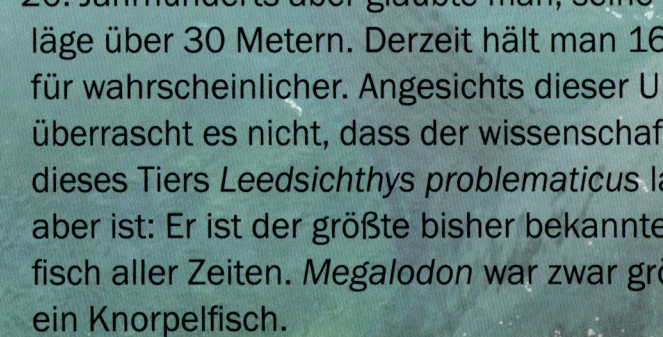

FOSSILIENHANDEL

Der britische Landwirt Alfred Nicholson entdeckte 1886 die ersten Fossilien von *Leedsichthys* in einer Grube bei Peterborough in England. Er verdiente gut an seinen Funden, die er an Sammler und Museen für Naturgeschichte verkaufte.

»MEHR-ECHSE«

PLIOSAURUS FUNKEI

Pliosaurus funkei war größer als unsere größten Wale und so gefräßig, dass man ihn als »Tyrannosaurus rex der Meere« bezeichnen könnte. Mit 13 Metern Körperlänge war er so lang wie ein Bus. Allein schon sein Schädel war länger als ein erwachsener Mensch, und seine Zähne waren so lang wie Fleischermesser.

Man nimmt an, dass er beim Schwimmen seine beiden Brustflossen einsetzte. Wenn er jedoch kraftvoll durch das Wasser schnellte, um eine Beute zu packen, setzte er noch die Hinterflossen ein. Zum Glück brauchen sich unsere Buckelwale nicht vor diesem Urzeitriesen zu fürchten, denn dieser Zeitgenosse der Dinosaurier ist schon lange ausgestorben.

PLIOSAURUS FUNKEI

LEBTE
vor 150 Millionen Jahren in arktischen Meeren

LÄNGE
10–13 m

GEWICHT
22,3 t

RIESENRÄUBER

Pliosaurier spezialisierten sich darauf, große Tiere zu erbeuten, darunter andere Pliosaurier, Plesiosaurier (siehe S. 36–37) und vielleicht auch sehr große Fische wie *Leedsichthys* (siehe S. 22).

3D-PUZZLE

Erst seit 2006 wissen wir, dass es *Pliosaurus funkei* gegeben hat. Damals fand man auf der norwegischen Insel Svalbard ein Skelett dieser Art. Zuerst konnten die Forscher es nicht identifizieren und nannten es deshalb »Predator X«. Der Fund bestand aus ungefähr 20 000 fossilen Knochen: ein riesiges 3D-Puzzle! 2012 erst bekam die neu entdeckte Urzeitart einen Namen: *Pliosaurus funkei*.

ALTER RÄUBER

XIPHACTINUS

Xiphactinus schwamm gegen Ende des Dinosaurierzeitalters durch die Meere. Auch wenn er nicht der größte Meeresbewohner seiner Zeit war, war er doch ein ernstzunehmender Raubfisch. Aber was machte ihn so erfolgreich? Dank seines kraftvollen Schwanzes und der flügelförmigen Flossen könnte er bis zu 60 Stundenkilometer schnell geschwommen sein. Damit war er immer schneller – sowohl als seine Beutetiere, als auch als seine Fressfeinde. Zweitens war sein Maul mit sechs Zentimeter langen, sehr spitzen Zähnen bestückt.

Allerdings eignete sich sein Gebiss nicht zum Kauen, sodass er seine Beute ganz hinunterschlang. Woher wir das wissen? Durch Fossilienfunde. In einem vier Meter langen Fossil von *Xiphactinus*, 1952 von Walter Sorensen in Kansas gefunden, befand sich ein sehr gut erhaltenes, 1,8 Meter langes Fossil der Fischart *Gillicus*. Spuren an den Fossilien zufolge könnte *Gillicus* versucht haben, aus dem Magen von *Xiphactinus* zu entkommen, und ihm dabei tödliche Verletzungen zugefügt haben.

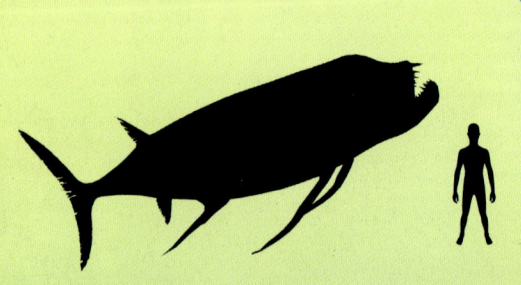

XIPHACTINUS

LEBTE
vor 100–66 Millionen Jahren in den Meeren um Nordamerika, Europa und Australien.

LÄNGE
4–6 m

UNTER WASSER

Zahlreiche Fossilien von *Xiphactinus* wurden im US-Bundesstaat Kansas gefunden. Dort ist heute kein Meer mehr, aber zu Lebzeiten von *Xiphactinus* war ein Großteil des heutigen Nordamerikas von dem Western Interior Seaway genannten Meer überflutet.

KOMPLETTES SKELETT

Das größte vollständige Skelett dieser Art kann im Rocky Mountain Dinosaur Resource Center in Colorado, USA besichtigt werden. Es ist 5,6 m lang. Drei Forscher brauchten drei Jahre, um es zusammenzusetzen.

Vielleicht sollte der Xiphactinus auf unserem Bild lieber nicht den Schwertfisch verschlucken, denn das könnte böse Folgen für ihn haben.

»PLATTENECHSE«

ELASMOSAURUS

Dieses eindrucksvolle Tier nennt man *Elasmosaurus*. Er gehört zur Familie der Plesiosaurier, im Meer lebende Reptilien, die vor 200 bis 66 Millionen Jahren auf der Erde lebten. Jemand meinte, er sähe aus wie »eine Schlange, die durch einen Schildkrötenpanzer gefädelt wurde«, doch besaß er mit Sicherheit keinen Panzer. Sein Hals war sieben Meter lang. Das entspricht der Hälfte seiner Körperlänge.

Man nimmt an, dass er sich die meiste Zeit über in tiefem Wasser aufhielt, sodass der lange Hals vom Wasser getragen wurde. Vermutlich jagte er Fische, indem er von unten an einen Fischschwarm heranschwamm und dann mit dem Kopf hochschnellte. Seine Zähne waren scharf und überlappend angeordnet, sodass die Fische seinem Biss nicht mehr entkamen. Er verschlang seine Beute ganz, weil er sie nicht zerkauen konnte. Auch wenn unser Bild Wirklichkeit wäre, hätte der Surfer nicht viel zu befürchten.

ELASMOSAURUS

LEBTE
vor 80,5 Millionen
Jahren im Meer über
Nordamerika

LÄNGE
bis 15 m

GEWICHT
2 t

Das Gebiss von *Elasmosaurus* eignete sich nur dazu, kleinere Beutetiere zu packen. Vermutlich wollte der Urzeitsaurier hier nur nach Luft schnappen – oder nachschauen, was der Mensch mit dem Holzbrett da so macht.

KOPFNUSS

Der amerikanische Naturforscher Edward Drinker Cope beschrieb 1868 die Art und gab ihr den Namen *Elasmosaurus*. Beim Zusammensetzen des fossilen Skeletts aber montierte er den Schädel versehentlich ans Schwanzende, sodass es *Tanystropheus* (siehe S. 26) ähnelte. Tatsächlich lebte *Elasmosaurus* 125 Millionen Jahre später und war wesentlich größer als *Tanystropheus*.

RIESE DER LÜFTE

QUETZALCOATLUS

Giraffen an einem Wasserloch sind nichts Ungewöhnliches. Aber was sitzt da zwischen den Giraffen? Zwei Flugsaurier der Gattung *Quetzalcoatlus*, die sich im Jahrtausend geirrt haben. Oder besser: in den Jahrmillionen.

Quetzalcoatlus war ein Pterosaurier (Flugsaurier). Diese traten erstmals vor 230 Millionen Jahren oder früher auf, ungefähr gleichzeitig mit den Dinosauriern, und wurden ebenso wie sie im Lauf der Zeit immer größer. *Quetzalcoatlus* lebte vor 72 bis 66 Millionen Jahren und sah in der Luft mit ausgebreiteten Flügeln natürlich noch größer als am Boden aus. Mit einer Spannweite, die der eines heutigen Düsenjägers glich, war er das größte flugfähige Tier aller Zeiten.

Aber wie konnte sich ein derartig riesiges Wesen in die Lüfte schwingen? Möglicherweise sprang es von einer hohen Klippe oder lief einen Hang hinunter. Oder aber es flog mit einem kraftvollen Luftsprung auf.

QUETZALCOATLUS

LEBTE
vor 72–66 Millionen
Jahren in Nordamerika

LÄNGE
ungefähr 10–11 m

GEWICHT
ungefähr 200–250 kg

LANGSTRECKENFLIEGER

Einer 2012 durchgeführten Studie zufolge konnte *Quetzalcoatlus* sieben bis zehn Tage lang mit 130 Kilometer pro Stunde in ungefähr 4500 Meter Höhe fliegen. Seine maximale Reichweite betrug vermutlich 12 800 bis 19 000 Kilometer.

»GEPANZERTE TEUFELSKRÖTE«

BEELZEBUFO

Vor dieser Kröte müssten wir uns vorsehen – wenn es sie noch gäbe! *Beelzebufo* war so groß wie ein aufgeblasener Wasserball und lebte im Zeitalter der Dinosaurier. Wir können davon ausgehen, dass er jagte, indem er irgendwo gut getarnt lauerte, bis ein leckeres Häppchen vorbeispazierte oder vorbeiflog. Als »lecker« betrachtete er vermutlich Eidechsen, kleine Säugetiere und vielleicht auch frisch geschlüpfte Dinosaurierbabys. Aber ob er einem Schäferhund wirklich gefährlich werden könnte? Ein Hund wie der auf dem Bild wiegt 40 Kilo und ist damit fast zehnmal schwerer als die Urzeitkröte. Allerdings war *Beelzebufo* mit scharfen Zähnen ausgestattet und konnte sein Maul fast 30 Zentimeter weit aufsperren. Als Delikatesse hätte er sich vermutlich nicht geeignet. Sein Rücken war durch einen dicken Panzer geschützt. Wenn er nicht auf Beute lauerte, könnte er sich in einem unterirdischen Bau ausgeruht haben.

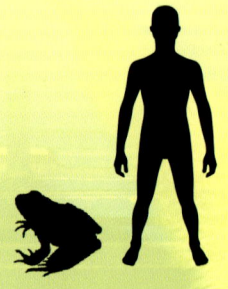

BEELZEBUFO

LEBTE
vor 70 Millionen Jahren
auf Madagaskar

LÄNGE
41 cm

GEWICHT
4,5 kg

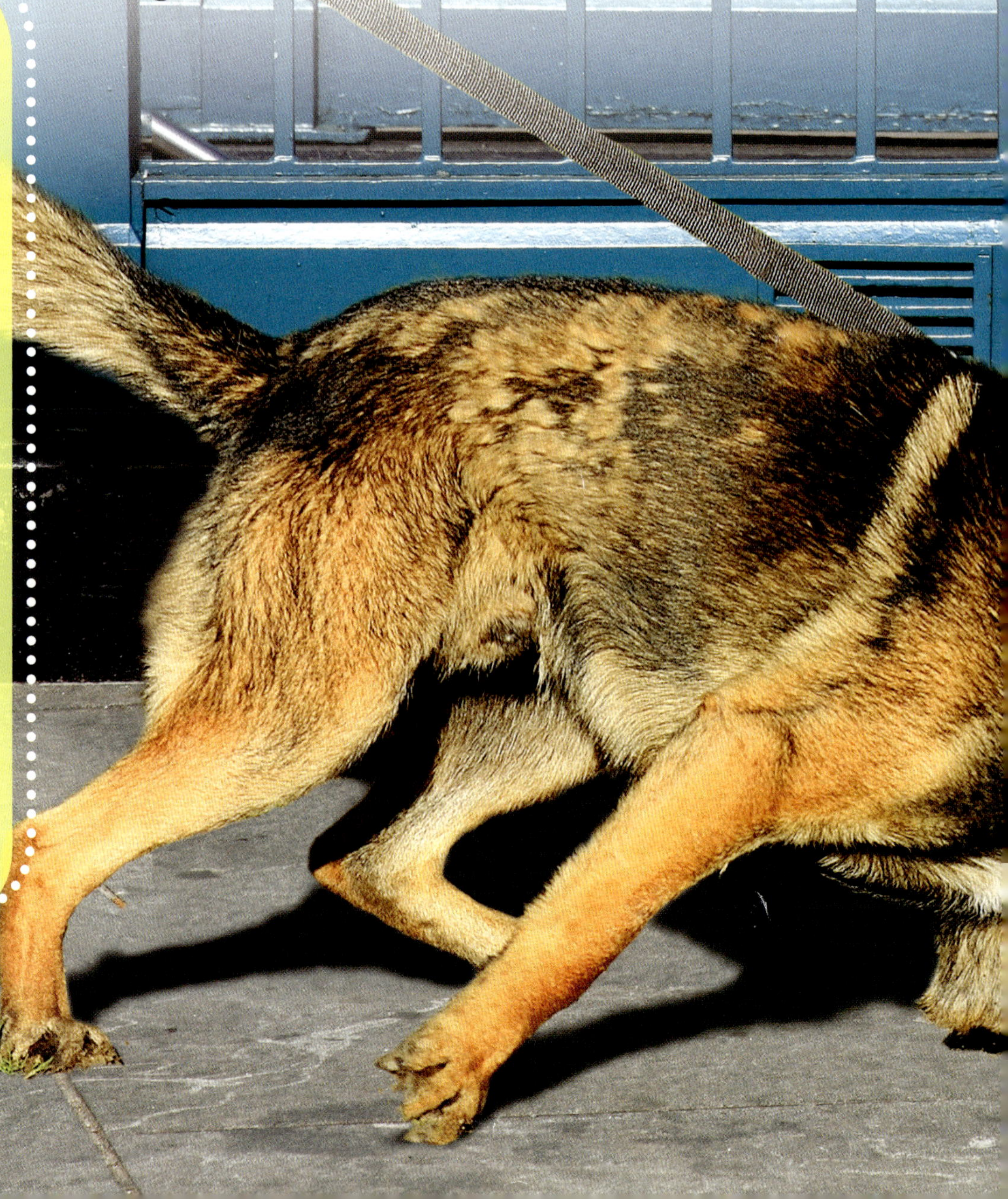

BREITMAULFRÖSCHE

Die heutigen Nachkommen von *Beelzebufo* bezeichnet man als *Ceratophyris* oder Hornfrösche. Weil ihr Maul tatsächlich sehr breit und ihr Körper rund wie ein Ball ist, nennen manche sie auch »Pac-Man-Frösche«, nach der runden Videospielfigur.

41

SCHLANGEN-TITAN
TITANOBOA

Etwas zzzzzzzzzzischt. Esssssssssss gleitet durch das Wasser eines Sees, in dem Fluss-pferde Abkühlung suchen: Ein 14,6 Meter langes muskulöses Schlangenmonster, das länger ist als fünf hintereinander aufgestellte Tischtennisplatten.

Titanoboa ist ausgestorben. Doch wenn sie noch lebte, könnte sie selbst ein erwach-senes Flusspferd mühelos erdrücken und dank ihrer besonders geformten Kiefer-gelenke unzerkaut verschlingen.

Die nach hinten gekrümmten Zähne hielten das Beutetier fest, der muskulöse Schlan-genleib umklammerte es so fest, dass die Blutversorgung der Organe unterbrochen wurde. Das arme Flusspferd hätte gegen die Urzeitboa wirklich keine Chance.

TITANOBOA

LEBTE
vor 60–58 Millionen
Jahren in Südamerika

LÄNGE
bis zu 14,6 m

GEWICHT
etwas über 1 t

LAUFENDE KIEFER

Titanoboa konnte den Unterkiefer aushängen und ihn so bewegen, dass ihre Kiefer am Körper des Beutetiers »entlangliefen«. Sie hakte die gekrümmten Zähne eines Kiefers in das Fleisch ein, während der andere Kiefer ein Stück weiter am Körper der Beute entlang glitt. Auf diese Weise verschlang sie die Beute nach und nach.

IN SÄURE AUFGELÖST

Das im Ganzen verschlungene Beutetier wurde im Magen durch stark säurehaltige Verdauungssäfte aufgelöst. Das Fangen und Töten der Beute dauerte vielleicht nur Minuten, das Verdauen aber mehrere Tage!

»TERRORVÖGEL«

PHORUSRHACIDAE

Das Zwei-Uhr-Rennen auf der Galopprennbahn hat einen unangemeldeten Teilnehmer. Die *Phorusrhacidae* waren eine Artenfamilie, die man umgangssprachlich auch »Terrorvögel« nennt. Und das zu recht, denn tatsächlich sieht dieses Tier ein bisschen wie der kleinere Cousin von *Tyrannosaurus rex* aus.

Woher wir wissen, dass Terrorvögel Fleischfresser waren, und keine Vegetarier? Man erkennt es an der abwärts gebogenen Schnabelspitze. Unsere heutigen Greifvögel haben ebenfalls solche Schnäbel. Aufgrund der Größe des Schnabels der *Phorusrhacidae* nehmen Forscher an, dass sie damit wiederholt auf das Beutetier einhackten. Der Schnabel war bis zu 46 cm lang, und manche dieser Tiere wurden bis zu drei Meter hoch, sodass sie gut von oben zuschlagen konnten.

PHORUSRHACIDE

LEBTE
vor 60–2 Millionen
Jahren in Nordamerika

HÖHE
bis 3 m

GEWICHT
bis zu 250 kg

FLINKER VOGEL

Wer glaubt, dieser Terrorvogel könnte mit den Rennpferden nicht mithalten, der irrt. Das schnellste Galopprennpferd erreichte 70,76 Kilometer pro Stunde. Schätzungen zufolge waren die 1,5 Meter hohen Vertreter der *Phorusrhacidae*-Gattung *Mesembriornis* bis zu 97 Kilometer pro Stunde schnell.

»LAUFENDER WAL«

AMBULOCETUS

Kannst du dir ein Tier vorstellen, das wie ein Wal schwamm, aber dennoch an Land auf vier Beinen lief? Dieses Tier gab es tatsächlich. Wir nennen es *Ambulocetus* und es ist das Tier mit dem großen Kopf rechts auf dem Bild.

Links strampelt ein Gnu, das soeben von einem Krokodil unter Wasser gezogen wurde. Doch sieht es für das Krokodil ebenfalls nicht gut aus. Anscheinend stehen für *Ambulocetus* heute ein Gnu *und* ein Krokodil auf dem Speiseplan.

Vor 50 Millionen Jahren gab es Säugetiere, die an das Leben an Land angepasst waren. Nahrungsmangel an Land könnte der Grund gewesen sein, dass einige von ihnen ins Meer zurückkehrten, in dem es von Beutetieren nur so wimmelte. *Ambulocetus* passte sich neu an: Er konnte an Land laufen, sich aber auch im Wasser geschickt bewegen.

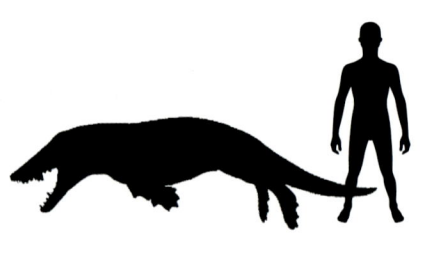

AMBULOCETUS

LEBTE
vor 50–48 Millionen Jahren an den Küsten Indiens

LÄNGE
ungefähr 3 m

GEWICHT
200–300 kg

FEINES GESPÜR

Ambulocetus erspürte vermutlich sowohl an Land als auch im Wasser mittels seines Unterkiefers die von Geräuschen verursachten Schwingungen. Diese wurden an das Innenohr weitergeleitet. Auf diese Weise hören auch heutige räuberisch lebende Zahnwale, denn sie besitzen ebenfalls kein äußeres Ohr.

SCHNELLSCHWIMMER

Ambulocetus schwamm, indem er seinen Rücken durchbog und den hinteren Teil des Körpers auf und ab bewegte. So schwimmen auch heutige Fischotter und Wale. Zusätzliche Geschwindigkeit erreichte er durch Einsatz der Hinterbeine. Vermutlich hatte er an den Füßen Schwimmhäute.

KNOCHENBRECHER

ANDREWSARCHUS

In Indien ist der Tiger das Topraubtier. Das bedeutet, das er keine natürlichen Feinde hat. Große erwachsene Tiger sind bis zu drei Meter lang, mit einem 35 cm langen Schädel. Hier auf dem Bild hätte der Tiger einen natürlichen Feind gefunden – wenn das Tier rechts nicht schon sehr lange ausgestorben wäre.

Bisher wurde nur ein einziger Schädel von *Andrewsarchus* gefunden, und er ist doppelt so lang wie ein Tigerschädel. Wie lang oder hoch sein Körper war, können wir bisher nur schätzen. Doch wenn man die Proportionen eines Tigers zugrunde legt, könnten es über acht Meter gewesen sein. Wissenschaftler halten ihn für kürzer, nehmen aber dennoch an, dass *Andrewsarchus* das größte Landraubtier aller Zeiten war. An Größe und Form der Kieferknochen erkennt man, dass diese gewaltigen Muskeln Halt gaben. Gemeinsam mit den kräftigen langen Eckzähnen lieferten sie dem Biss eine derart gewaltige Kraft, dass *Andrewsarchus* Schädel und andere Knochen seiner Beute mühelos knackte.

ANDREWSARCHU

LEBTE
vor 48–41 Millionen
Jahren in Zentralasien

LÄNGE
Schädellänge 83 cm,
Schädelbreite 56 cm

UR-RAUBTIER

HYAENODON

Ein fauler Tag am Strand. Die Leute bewundern den Sonnenuntergang … und müssen plötzlich vor *Hyaenodon* flüchten. Dieser Gattung gehören einiger der ersten großen fleischfressenden Säugetiere an. Sie besaßen sehr kräftige Kiefer, die von besonders dicken Halsmuskeln gestützt wurden und sich gut dazu eigneten, die Schädel von Beutetieren zu knacken. Das wissen wir, seit ein Schädel von *Dinictis* gefunden wurde, ein früher Vorfahre der Katzen: Die Löcher in diesem Schädel passen zum Gebiss von *Hyaenodon*. Außerdem enthält fossiler Kot von *Hyaenodon* Stücke von Tierschädeln. *Das Raubtier* hatte nicht nur kräftige Eckzähne, sondern auch weiter hinten im Kiefer Schneidezähne, die sich beim Kauen gegenseitig schärften. Deshalb zerkleinerte *Hyaenodon* sein Futter, anstatt seine Beute am Stück oder aber große Fleischbrocken zu verschlingen. Das erleichterte das Verdauen der Nahrung.

HYAENODON

LEBTE
vor 40–20 Millionen Jahren in den Ebenen Nordamerikas, Europas, Asiens und Afrikas

LÄNGE
etwas über 3 m
(die größte Art
Hyaenodon gigas)

RIVALEN

Warum ist *Hyaenodon* ausgestorben? Vermutlich hatte er Nahrungskonkurrenten, wie zum Beispiel *Amphicyon*. Dies war ein ebenso erfolgreiches Raubtier wie *Hyaenodon*, aber möglicherweise schneller und daher in der Lage, auch flinkere Pflanzenfresser zu erlegen.

GIGANTISCHES UR-SCHWEIN

ENTELODON

Man hört von Füchsen, die in Hühnerställe einbrechen und von Hunden, die Schafe reißen. Aber ein Schwein, das in einem Gestüt Angst und Schrecken verbreitet? Das könnte gar nicht sein! Oder doch, wenn nämlich *Entelodon* noch leben würde, denn dieses Tier hätte sich nicht mit Kartoffelschalen und Maiskörnern begnügt. *Entelodon* wird mitunter auch als »Killerschwein« bezeichnet, denn er ähnelte im Körperbau heutigen Wildschweinen, war aber mindestens doppelt so groß, und Zähne, Kiefer und Muskulatur ermöglichten ihm, Knochen zu zermalmen. Man fand auch Fossilien von Kamel- und Nashornvorfahren, deren Verletzungen durch *Entelodon*-Bisse entstanden. Diese Ur-Schweine griffen sogar ihre Artgenossen an. An vielen *Entelodon*-Schädeln fand man bis zu zwei Zentimeter lange Kerben, die nur von anderen »Killer-Schweinen« verursacht worden sein konnten. Anhand dieser Schädel fand man heraus, dass ein *Entelodon* problemlos den Kopf eines Artgenossen ins Maul nehmen konnte.

ENTELODON

LEBTE
vor 37–16 Millionen
Jahren in Nordamerika,
Europa und Asien

LÄNGE
bis zu 3,5 m

GEWICHT
ungefähr 420 kg

GROSSER KOPF

Daeodon war einer der größten *Entelodonten*. Er lebte vor 20 Millionen Jahren und sein Schädel war 90 cm lang. Das ist schon fast so lang wie ein junges einjähriges Schwein.

URGROSSONKEL DER NASHÖRNER

PARACERATHERIUM

Welches ist das größte Landsäugetier der Welt? Der Elefant? Ja, für unsere Zeit stimmt das. Das größte Landsäugetier aller Zeiten aber war *Paraceratherium*. Es wog viermal so viel wie ein heutiger Afrikanischer Elefant und war doppelt so hoch. Und hier für unser Bild ist eines wiederauferstanden, um New York einen Besuch abzustatten. Selbst wenn es so wäre, bestünde keine akute Gefahr. *Paraceratherium* war ein friedlicher Pflanzenfresser und ist hier wohl gerade auf der Suche nach einem schönen Park. *Paraceratherium* ist eng mit unseren Nashörnern verwandt, nutzte aber ähnlich wie eine Giraffe seine Größe, um an hohen Zweigen zu knabbern. Forscher nehmen an, dass es die Äste mit den Schneidezähnen festhielt, um mit den muskulösen Lippen die Blätter von den Zweigen zu reißen.

PARACERATHERIUM

LEBTE
vor 34–23 Millionen Jahren
in Nordamerika

SCHULTERHÖHE
5 m

LÄNGE
8 m

GEWICHT
15–20 t

SCHWERSTES SÄUGETIER

Paraceratherium könnte das schwerste Landsäugetier aller Zeiten gewesen sein. Dennoch ist es ein Leichtgewicht, wenn man es mit dem allerschwersten Säugetier vergleicht, dem Blauwal. Mit 180 Tonnen ist ein Blauwal ungefähr zehnmal schwerer. Außerdem gibt es ihn immer noch, obwohl er im 20. Jahrhundert extrem stark bejagt wurde.

»MÄCHTIGER ZAHN«

MEGALODON

Unsere heutigen Schwertwale brauchen sich vor keinem anderen Tier zu fürchten: Selbst Weiße Haie schwimmen ihnen lieber aus dem Weg. Zu Recht, denn ein Schwertwal kann zehn Meter lang und sechs Tonnen schwer werden, und bis zu zehn Zentimeter lange Zähne haben. Der arme Seelöwe auf unserem Bild kann nur hoffen, dass *Megalodon* ganz schnell den Schwertwal frisst.

Megalodon ist und bleibt der größte Hai aller Zeiten. Er war 40-mal schwerer als ein ausgewachsener Weißer Hai. Seine 18 Zentimeter langen Zähne waren scharf wie Steakmesser. Die Zähne eines Weißen Hais dagegen sind nur drei Zentimeter lang. Deshalb hat sich *Megalodon* seinen Namen redlich verdient: Er ist griechisch und bedeutet: »Großer Zahn«.

MEGALODON

LEBTE
vor 25–2,6 Millionen Jahren in allen Meeren

LÄNGE
ungefähr 16 m

GEWICHT
bis zu 100 t

STEINZUNGE

Bevor die Menschen begriffen, was Fossilien waren, hielten sie die versteinerten Zähne von *Megalodon* für die Spitzen von Drachenzungen. 1667 fand Nicolaus Steno, Leibarzt des Großherzogs von Florenz heraus, dass die spitzen Steine Zähne eines ausgestorbenen Hais waren.

WIE EINE SCHROTTPRESSE

Megalodon besaß nicht nur messerscharfe Zähne, er konnte sie auch mit besonders viel Kraft einsetzen. 2012 kamen Wissenschaftler zu dem Ergebnis, dass sein Biss dreimal kraftvoller als der von *Tyrannosaurus rex* war, und beinahe 50-mal stärker als der eines Löwen. *Megalodon* hätte mit seinem Maul einen Kleinwagen zusammendrücken können – oder auch einen Schwertwal.

GEWALTIGER UR-POTTWAL

LIVYATAN

Dieser Fischerkahn scheint einen ordentlichen Fang gemacht zu haben – oder ist es andersherum, und der Riesenwal hat ein knuspriges Häppchen gefunden? Rechts im Bild: *Livyatan*, der größte bekannte Zahnwal aller Zeiten. Er lebte vor ungefähr 12 Millionen Jahren und fraß vermutlich so ziemlich alles, was in seine Reichweite kam: Andere Wale, Delfine, Haie, Meeresschildkröten, Robben und Seevögel; beziehungsweise ihre fossilen Überreste wurden überall dort gefunden, wo man Fossilien von *Livyatan* entdeckte. Eines ist sicher: Ein derartig gigantischer Körper benötigte enorm viel Nahrung.

Forscher nehmen an, dass dieser Wal in großer Tiefe schwamm und seine Beute von unten angriff. Diese Strategie bezeichnet man als »Polaris-Angriff«, weil sie nach demselben Prinzip funktioniert wie eine von einem U-Boot abgefeuerte Rakete. Was die Fischer auf dem Bild betrifft, so können sie nur hoffen, dass die Aufbauten ihres Schiffs den Wal unangenehm am Gaumen pieksen, und er sich lieber ein anderes Fresschen sucht.

LIVYATAN

LEBTE
vor 13–12 Millionen
Jahren in den Meeren
um Südamerika

LÄNGE
ungefähr 15 m,
Schädellänge: 3 m

GEWALTIGE ZÄHNE

Livyatan ist mit den heutigen Pott-
walen verwandt, die auf der Jagd nach
Riesenkalmaren durch die Weltmeere
streifen. Allerdings besitzen heutige Pottwale
verhältnismäßig kleine Zähne und jagen,
indem sie ihr Maul schnell aufreißen, sodass
die Beute durch den Sog hineingezogen wird.
Das Maul von *Livyatan* dagegen war mit
sehr großen Zähnen bestückt und er
packte seine Beute mit einem kraftvollen Biss. Anschließend riss
er sie in Stücke.

SCHILDKRÖTENRIESIN

STUPENDEMYS

Man könnte meinen, dass die riesige Süßwasserschildkröte, die vor zehn Millionen Jahren dort lebte, wo heute der Amazonas fließt, keine natürlichen Feinde gehabt hätte. Doch leider war sie eine Zeitgenössin der größten Krokodile, die jemals auf unserem Planeten lebten. Eines davon war der bis zu 13 Metern lange und 8,5 Tonnen schwere *Purusaurus*, der möglicherweise ihren Panzer knacken konnte.

Würde *Stupendemys* heute noch in amerikanischen Sümpfen leben, wie zum Beispiel in den Everglades in Florida, dann bräuchte sie sich keine Sorgen zu machen: Die größten hier lebenden Alligatoren werden nur vier Meter lang.

STUPENDEMYS

LEBTE
vor 10–5 Millionen Jahren im nördlichen Südamerika

MASSE DES PANZERS
ungefähr 3 x 2 m

GEWICHT
ungefähr 1,5 t

UNTERWASSER-MAHLZEIT

Stupendemys war nicht die einzige Schildkrötenart der Amazonasregion. 50 Millionen Jahre vor ihr lebte *Carbonemys*. Ihr Panzer hatte einen Durchmesser von 1,7 Metern und weil sie scharfe Zähne und kräftige Kiefer hatte, fraß sie auch kleine Krokodile.

KÄFER AUF SCHILDKRÖTE

Stupendemys war so groß, dass auf ihrem Panzer ein VW-Käfer Platz gehabt hätte. Weil das Tier so schwer war, konnte es vermutlich nicht besonders gut schwimmen und hielt sich wohl die meiste Zeit über am Gewässerboden auf, wo es Wasserpflanzen abweidete.

GIGA-IGEL

DEINOGALERIX

In vielen Teilen der Welt werden Igel immer seltener. Wenn man also bei der Gartenarbeit einem Igel begegnet, freut man sich, ihn zu sehen. Eine Begegnung mit *Deinogalerix* wäre weniger erfreulich. Die Tiere dieser Gattung von Rattenigeln waren so groß wie ein Hund und von seltsamem Aussehen. Sie besaßen keine Stacheln, dafür einen länglichen kegelförmigen Kopf, kurze spitze Ohren und einen ungewöhnlich langen Schwanz. Gefährlich waren sie allerdings hauptsächlich nur für Insekten wie Käfer, Libellen und Heuschrecken sowie für Schlangen. Größere Arten machten vielleicht auch Jagd auf kleine Säugetiere, Reptilien und Vögel.

DEINOGALERIX

LEBTE
vor 10–5 Millionen Jahren im Gargano (Italien)

LÄNGE
bis zu 60 cm

GEWICHT
bis zu 10 kg

INSELLEBEN

Wie konnte *Deinogalerix* so groß werden? Er lebte in einer Region, die heute eine Halbinsel in Süditalien ist, zu seiner Zeit aber eine Insel war. Auf Inseln lebende Vertreter einer Art werden manchmal größer als ihre Verwandten auf dem Festland, sofern sie auf ihrer Insel wenige Futterkonkurrenten und keine natürlichen Feinde haben.

RIESENAFFE

GIGANTOPITHECUS

Wer klettert denn da an der Chinesischen Mauer herum? Es ist *Gigantopithecus*, der größte Affe aller Zeiten. Er wurde doppelt so groß wie ein heutiger Gorilla und dreimal so schwer. Dennoch würde er den anderen Touristen nichts tun: Die Untersuchung fossiler Zähne und Kieferknochen ergab, dass er sich von Früchten, Nüssen und Trieben ernährte. Dennoch könnte er gelegentlich auch mal kleine Säugetiere oder Eidechsen vernascht haben.

Obgleich *Gigantopithecus* vermutlich unseren Gorillas ähnelte, war er am engsten mit den heutigen Orang-Utans verwandt. Ebenso wie sie lebte er in Wäldern. Als sich das Klima vor ungefähr 100 000 Jahren abkühlte und die Wälder schrumpften, wurde es für ihn immer schwieriger, Nahrung zu finden. Auch war er, anders als heutige Orang-Utans, viel zu schwer, um auf Bäume zu klettern und konnte deshalb keine Früchte pflücken.

GIGANTOPITHECUS

LEBTE
vor 9 Millionen bis 100 000 Jahren in China, Indien, Vietnam und Nepal

LÄNGE
3 m

GEWICHT
540 kg

RÄTSELHAFT

Bisher wurden über 1000 fossile Zähne von *Gigantopithecus* sowie einige Kieferknochen gefunden, aber keinerlei andere Knochen. Deshalb wissen wir nichts Genaueres über sein Aussehen.

MAXI-KAMEL

TITANOTYLOPUS

Hätte dieses Rennen wirklich so stattgefunden, dann hätte der Sieger von vorneherein festgestanden. *Titanotylopus* war doppel so groß wie heutige Kamele: Seine Beine waren so lang, wie ein heutiges Dromedar hoch ist. Wer dieses Bild sieht, fragt sich sofort: Wie in aller Welt ist der Jockey da raufgekommen?

Fossilien von *Titanotylopus* wurden unter anderem in den US-Bundesstaaten Texas, Kansas und Arizona und in der Arktis gefunden. Tatsächlich lebten vor 3,4 Millionen Jahren auf der heute zu Kanada gehörenden Insel Ellesmere Island Kamele. Heute ist das eine der kältesten Regionen der Welt, damals aber war sie der Lebensraum des Arktischen Riesenkamels, das kleiner als *Titanotylopus*, aber dennoch um ein Drittel größer als heutige Kamele war.

TITANOTYLOPUS

LEBTE
vor 5 Millionen bis
300 000 Jahren in Ebenen
Nordamerikas, Europas
und Asiens

LÄNGE
4 m

GEWICHT
1–2 t

KÄLTETAUGLICH

Das Arktische Riesenkamel konnte mit seinen breiten Füßen gut auf Schnee laufen. Ebenso wie heutige Kamele speicherte es in seinem Höcker Fett.

KÖNIG DER STEPPE

MAMMUTH

Zumindest vom Gewicht her wären die beiden ebenbürtige Gegner: Ein Feuerwehrauto und ein Steppenmammut, das größte Mammut aller Zeiten. Es war doppelt so schwer wie ein ausgewachsener Afrikanischer Elefant und besaß fünf Meter lange Stoßzähne. Ein Bild wie dieses hier könnte niemals Wirklichkeit werden? Das ist gar nicht mal so sicher. Im Mai 2013 wurde auf der Kleinen Ljachow-Insel nördlich von Ostsibirien ein gefrorener Mammutkadaver entdeckt. Das in einem Sumpfloch eingesunkene Tier war von Wölfen angefallen worden. Dennoch blieb von seinem Körper viel erhalten, einschließlich dreier Beine, dem größten Teil des Rumpfs und sogar des Rüssels. Sein Blut war gefroren, und nun hoffen Wissenschaftler, daraus ein neues Mammut klonen zu können. Also entsteht vielleicht doch eine Eiszeitversion von Jurassic-Park, und Bilder wie dieses werden Wirklichkeit.

MAMMUT

LEBTE
vor 5 Millionen Jahren
bis 1650 v. Chr. in Europa
und Asien

SCHULTERHÖHE
bis zu 4 m

GEWICHT
10–15 t

ENDE EINER ÄRA

Warum starben die Mammuts aus? Vielleicht teilweise deshalb, weil sie nach dem Ende der Eiszeit vor 12 000 Jahren ihren Lebensraum verloren, als dichte Wälder die Steppen und lichten Wälder ersetzten. Ein anderer möglicher Grund wäre starke Bejagung durch Menschen. Vielleicht wirkten auch beide Faktoren zusammen, gemeinsam mit einem dritten: Das Ansteigen des Meeresspiegels durch die große Schneeschmelze nach der Eiszeit.

MÄCHTIGE NAGER

JOSEPHOARTIGASIA

Das Capybara (oder Wasserschwein) lebt im Regenwald am Amazonas und kann eine Schulterhöhe von 1,3 Metern erreichen. Das ist für ein Nagetier schon ganz schön groß, doch hat es noch größere Vorfahren: *Josephoartigasia* war so groß und massig wie ein Bison. Es besaß riesige Schneidezähne, die soviel Bisskraft wie das Gebiss eines Tigers haben. Kein Tier, das man gerne in seinem Garten entdeckt! Diese Vertreter der Art scheinen sich im Moment noch friedlich mit Biomüll und Swimmingpool zu beschäftigen. Aber wehe, wenn sie einen Weg ins Haus finden! Schon unsere heutigen Nagetiere sind in der Lage, sich durch Ziegelsteine, dicke Holzbalken und Beton zu nagen. Wenn da *Josephoartigasia* seine noch kräftigeren Zähne einsetzen würde ... Nicht auszudenken, was dann alles passieren könnte!

JOSEPHOARTIGASIA

LEBTE
vor 4–2 Millionen Jahren
in Südamerika

LÄNGE
3 m

GEWICHT
1000 kg

GROSSKOPF

Der Schädel von *Josephoartigasia* war mit 53 cm Länge viel größer als der eines Löwen oder Tigers. Die Schneidezähne waren 30 cm lang. Das ist viel länger als eine Banane.

»RIESENBIBER«

CASTOROIDES

Biber bauen sich in Flüssen Burgen, in denen sie geschützt wohnen und Nahrungsvorräte lagern können. Dadurch stauen sie die Flüsse auf und verwandeln die Landschaft nach und nach entsprechend ihren Bedürfnissen.

Biber sind Architekten, Ingenieure und Landschaftsdesigner. Sie schleppen Baumstämme zum Ufer und bugsieren sie im Wasser zu der gewünschten Stelle. Mit ihren scharfen Nagezähnen fällen sie Bäume von über einem Meter Durchmesser.

Das alles schaffen heutige Biber, obwohl sie nur 60 bis 90 Zentimeter lang sind. Stell dir mal vor, was ein viermal größerer Biber zustande bringen könnte! Der Damm auf unserem Bild wird nämlich von Tieren der Gattung *Castoroides* gebaut, die bis vor 10 000 Jahren in Nordamerika lebten. Baumstämme scheinen ihnen nicht zu genügen, sie beschweren ihre Konstruktion mit einem Auto!

CASTOROIDES

LEBTE
vor 3 Millionen bis
10 000 Jahren
im Waldland
Nordamerikas

LÄNGE
bis zu 2,5 m

GEWICHT
90–125 kg

GROSSE NAGER

Castoroides ist die größte bekannte (fossile) Nagetiergattung Nordamerikas. Die einzigen noch größeren Nagetiere waren *Phoberomys* und *Josephoartigasia* (siehe S. 70 – 71), die beide in Südamerika lebten.

AUSTRALISCHER UR-WARAN

MEGALANIA

Stell dir vor, du kommst nach Hause, und an der Haustür lauert dir *Megalania auf*, der größte bekannte Waran aller Zeiten. Er lebte in Australien, bevor sich dort vor 50 000 bis 40 000 Jahren Menschen ansiedelten. Vermutlich jagte er die großen Beuteltiere: Gewichtige Wombat-Vorfahren wie *Diprotodon* (siehe S. 84 – 85) und kolossale Kängurus wie *Procoptodon*. Andererseits musste sich dieser Riesenwaran vor dem Beutellöwen *Thylacoleo* und dem Krokodil *Quinkana* in Acht nehmen.

Dieser *Megalania* scheint im Haus Leckeres gerochen zu haben. Ebenso wie viele heutigen Reptilien nahmen diese Tiere Gerüche wahr, indem sie die gespaltene Zunge herausstreckten. Forscher gehen davon aus, dass Ur-Warane ebenso wie moderne Komodo-Warane über Giftdrüsen verfügten, dank derer sie ihre Beute durch Bisse vergifteten.

MEGALANIA

LEBTE
vor 2 Millionen bis
50 000 Jahren im
Südosten Australiens

LÄNGE
5,5 – 7 m

GEWICHT
knapp 2 t

KAMPFSCHWANZ

In Wirklichkeit stützte sich Megalania nicht wie auf unserem Bild mit dem Schwanz ab. Vermutlich setzte es ihn im Kampf ein und schlug damit nach Beutetieren, um sie zu verletzen und zu betäuben, wie es Komodo-Warane auch heute noch tun.

KLEINE WUNDER

ZWERGELEFANTEN

Niedliche Zwergelefanten wie dieser wurden nur ungefähr 1 Meter hoch und lebten auf mehreren Mittelmeerinseln, darunter Zypern, Malta, Kreta, Sizilien und Sardinien.
Aber wie kamen die Elefanten auf die Inseln? Das Klima hat sich während der letzten zwei bis drei Millionen Jahre stark verändert, und mit ihm veränderte sich auch ständig die Höhe des Meeresspiegels. Bei niedrigem Wasserstand konnten Elefanten von Asien und Afrika aus die Mittelmeerinseln erreichen. Sobald der Meeresspiegel jedoch wieder angestiegen war, wurde es ihnen unmöglich, die Inseln zu verlassen.
Und warum waren diese Elefanten so niedlich klein? Vielleicht herrschte mitunter Nahrungsknappheit, und dann überlebten nur die kleineren Exemplare. Außerdem mussten sie auf den Inseln gar nicht so groß sein: Da auf den Inseln keine großen Raubtiere lebten, hatten sie hier keine natürlichen Feinde.

ZWERGELEFANTEN

LEBTEN
vor 2,5 Millionen
bis 10 000 Jahren
auf Mittelmeerinseln

LÄNGE
1,5–2,3 m

GEWICHT
180–225 kg

ZEHNMAL SO SCHWER

Ein heutiger ausgewachsener Afrikanischer Elefantenbulle wiegt ungefähr so viel wie zehn Zwergelefanten.

EURASISCHES NASHORN
ELASMOTHERIUM

Jedes Jahr im Juli lässt man in der spanischen Stadt Pamplona Stiere durch die Straßen laufen, die dann mit 24 Stundenkilometern durch die Altstadt rennen und viele der Männer verletzen, die es als Sport betrachten, mit den Stieren mitzulaufen. Dieses Jahr geriet auf ungeklärte Weise ein *Elasmotherium* zwischen die Stiere: ein Riesennashorn! *Elasmotherium* war so groß wie heutige Elefanten, und damit gut und gerne vier Tonnen schwer. Er besaß ein dichtes Fell, und aus seinem Körperbau schließt man, dass er galoppieren konnte wie ein Pferd. Vorne auf seinem Kopf wuchs ein riesiges Horn, vor dem sich die Stiere in Sicherheit bringen müssten ... wenn tatsächlich jemals ein Riesennashorn durch Pamplona toben würde.

ELASMOTHERIUM

LEBTE
vor 2,6 Millionen bis 29 000 Jahren in Ebenen Osteuropas und Asiens

LÄNGE
6 m

SCHULTERHÖHE
2 m

GEWICHT
3–4 t

FEHLENDES HORN

Das Horn von *Elasmotherium* bestand aus demselben Material wie unsere Haare und Fingernägel: aus Keratin. Weil Keratin nicht gut versteinert, wurden keine von dieser Gattung stammende fossile Hörner gefunden. Doch anhand von Anhaltspunkten, die der Schädel liefert, schätzen Forscher seine Länge auf 1,75 Meter.

ZEITGENOSSE DER MENSCHEN

Die Untersuchung eines Schädelstücks von *Elasmotherium* erbrachte 2016, dass dieses Tier erst vor 29 000 Jahren ausstarb. Zu dieser Zeit gab es bereits Vorläufer unserer Art *Homo sapiens*.

»SÄBELZAHNKATZE«

SMILODON

Jeder weiß, dass mit Raubkatzen wie Löwen, Tigern und Leoparden nicht zu spaßen ist. Im Vergleich mit den ausgestorbenen Säbelzahnkatzen aber sind sie nur harmlose Miezekätzchen. Diese urzeitlichen Raubtiere waren viel größer und kräftiger. Und die größte von allen war *Smilodon*. Sie besaß sehr kraftvolle Vorderbeine und die »Säbelzähne«, nach denen sie benannt ist, waren 20 Zentimeter lang und hatten gesägte Kanten – wie Steakmesser.

Smilodon lebte in Nord- und Südamerika und jagte Bisons und Kamele, und vielleicht sogar junge Mammuts und Riesenfaultiere. Mit Ausnahme der Bisons sind all diese amerikanischen Arten inzwischen ausgestorben. Der einzige andere ebenbürtige Gegner für Säbelzahnkatzen wäre also ein Grizzlybär.

SMILODON

LEBTE
vor 2 Millionen bis
10 000 Jahren in
Nord- und Südamerika

LÄNGE
1,8 m

GEWICHT
bis zu 400 kg

GESELLIGE KATZE

Forscher nehmen an, dass *Smilodon* in Rudeln lebte: Bei vielen fossilen Skeletten war zu erkennen, dass sich das Tier einmal ein Bein gebrochen hatte, der Bruch später aber verheilt war. Eine derartige Verletzung kann ein in Freiheit lebendes Raubtier nur überleben, wenn andere Rudelmitglieder ihre Beute mit ihm teilen.

Wie fing *Smilodon* seine Beute? Möglicherweise legte sich *Smilodon* auf Bäumen oder Felsen auf die Lauer und ließ sich auf vorbeikommende Beute fallen, um sie durch einen Biss in den Nacken zu töten.

RIESENFAULTIER

MEGATHERIUM

Heutige Faultiere leben in Südamerika auf Bäumen und wiegen höchstens sechs Kilo, und damit weniger als ein Jack Russel Terrier. *Megatherium* aber hätte niemals auf einen Baum klettern können, denn es wog mit vier Tonnen ungefähr so viel wie ein erwachsener Elefant.

Megatherium konnte Baumkronen erreichen, indem es sich auf die Hinterbeine stellte. Man nimmt an, dass seine Zunge lang und kräftig war, und dass er sie um die Zweige legten, um Blätter und Triebe abzustreifen. Weil sich die Krallen auch zum Graben eigneten, könnte er Wurzeln ausgegraben haben. Davon gäbe es in Gärten ja genügend – allerdings gibt es heute kein *Megatherium* mehr.

MEGATHERIUM

LEBTE
vor 2 Millionen bis
10 000 Jahren
in Südamerika

LÄNGE
6 m

GEWICHT
4 t

KILLER-KRALLEN?

Die Krallen des Riesenfaultiers waren knapp 30 cm lang und hinderten das Tier daran, die Füße beim Laufen flach auf den Boden aufzusetzen. Deshalb konnte es nur auf den Außenkanten der Füße laufen. Manche Forscher meinen, *Megatherium* habe mit seinen Krallen andere Tiere verletzt und getötet, weil er nicht nur Pflanzen, sondern auch Fleisch fraß.

KLETTERN ODER GRABEN?

Der französische Naturforscher Georges Cuvier beschrieb 1796 als Erster dieses Tier. Er glaubte, die langen Krallen hätten das Klettern auf Bäume ermöglicht. Später wurde ihm klar, dass das Tier zum Klettern zu schwer gewesen war. Nun nahm Cuvier an, es habe Tunnel gegraben und unter der Erde gelebt.

WOMBAT IN XXL

DIPROTODON

Verstärkung für das Beachvolleyball-Team erwünscht? Aber ob dieser Vorfahre heutiger Wombats wirklich reaktionsschnell wäre?

Diprotodon lebte bis vor 40 000 Jahren in Australien. Ebenso wie die heutigen Wombats, Koalas und Kängurus war er ein Beuteltier: *Diprotodon*-Mütter trugen ihre Jungen also eine Zeit lang im Beutel mit sich herum. Manche Leute meinen, dass *Diprotodon* den heutigen Koalas ähnelt. Allerdings war er so groß wie ein modernes Flusspferd und hätte zwischen seinen mächtigen Backenzähnen einen Menschenschädel knacken können.

DIPROTODON

LEBTE
vor 1,8 Millionen
bis 40 000 Jahren
in Australien

LÄNGE
bis zu 4 m

GEWICHT
bis zu 3 t

Tatsächlich ernährte sich *Diprotodon* von Pflanzen. Allerdings sind Flusspferde ebenfalls Vegetarier, und dennoch sterben alljährlich viele Menschen durch angreifende Flusspferde. Vielleicht sollte man also wenn am Strand plötzlich ein *Diprotodon* auftaucht, erst einmal ein Eis essen gehen und warten, bis er wieder weg ist.

BLICK NACH HINTEN

Der Beutel der *Diprotodon*-Weibchen öffnete sich nach hinten, sodass der Ausblick des Babys im Beutel von den Hinterbeinen der Mutter eingerahmt war. Beim heutigen Wombat ist die Beutelöffnung ebenfalls hinten. Wenn die Mutter Erde aufgräbt, kommt auf diese Weise kein Schmutz in den Beutel!

GEFIEDERTER LÄUFER

ELEFANTENVOGEL

Der gefiederte Kerl, der sich gerade das Auto anschaut, war einer der größten Vögel aller Zeiten. Und nicht unbedingt einer der harmlosesten: Mit den kräftigen Beinen wäre er in der Lage gewesen, Knochen zu brechen. Allerdings war er möglicherweise Vegetarier. Dieser straußähnliche Vogel lebte auf Madagaskar und konnte nicht fliegen. In den üppigen tropischen Regenwäldern der Insel fand er reichlich Früchte, und er hatte hier auch keine natürlichen Feinde.

Sein einziger Feind war vermutlich der Mensch. Forschungen zufolge wurden diese Vögel im 17. und 18. Jahrhundert so stark bejagt, dass sie schließlich ausstarben. Auch könnte es sich gelohnt haben, die riesigen Eier dieser Vögel zu stehlen: Der Inhalt eines Elefantenvogeleis entsprach ungefähr dem von 30 Hühnereiern.

ELEFANTENVOGEL

LEBTE
vor 40 000 Jahren bis zum
17. oder 18. Jahrhundert
auf Madagaskar

HÖHE
bis zu 3 m

GEWICHT
bis zu 500 kg

TEURE EIER
Unbeschädigte Elefantenvogel-eier sind enorm wertvoll. Das Londoner Auktionshaus Christie's verkaufte 2013 eines dieser Eier für umgerechnet 80 000 Euro. Da müssten unsere heutigen Hühner ganz schön viel für (hin)legen!

ZEITLEISTE

CAMEROCERAS

Der Name ist griechisch und bedeutet: »Gekammertes Horn«. »Nautiloiden« ist vom griechischen Wort *nautilos* für »Seemann« abgeleitet. Der griechische Philosoph Aristoteles studierte als einer der Ersten die Nautiloiden.

PLIOSAURUS FUNKEI

Benannt nach dem griechischen Ausdruck »Mehr Echse« und seinem Entdecker Björn Funke. Pliosaurier waren große Reptilien, die in jurassischen Meeren schwammen. Wir kennen noch fünf weitere Pliosaurier-Arten.

ARTHROPLEURA

Nach dem griechischen Ausdruck für »verbundene Rippen« benannt. Fossilienjäger fanden sehr viele versteinerte Spuren von *Arthropleura* sowie fossile Körperteile. An ihnen erkennt man, dass der Riesentausendfüßler schnell über Waldboden lief.

DUNKLEOSTEUS

Nach seinem Entdecker David Dunkle benannt und nach dem griechischen Wort *osteon* für »Knochen«.
Dunkleosteus war schwer und massig und wohl kein guter Schwimmer, so dass er nur langsame Beute jagte oder sich auf die Lauer legte.

INOSTRANCEVIA

Benannt nach dem russischen Geologen Alexander Inostranzew. Der Pflanzenfresser *Scutosaurus* zählte wohl zu den wichtigsten Beutetieren von *Inostrancevia*. Zwar war *Scutosaurus* massig gebaut und stark gepanzert, aber langsamer als *Inostrancevia*.

88

VOR 470 MILL. JAHREN ▷ ▷ ▷ ▷ ▷ ▷

Vor ungefähr 230 Mill. Jahren: Die ersten Dinosaurier treten auf.

SARCOSUCHUS

Benannt nach dem griechischen Ausdruck für »Fleischkrokodil«. Die lange Schnauze von Sarcosuchus endete in einer gerundeten sogenannten Bulla, deren Funktion bis heute unbekannt ist. Vielleicht waren darin Riechorgane untergebracht, oder sie ermöglichte Lautäußerungen.

XIPHACTINUS

Benannt nach griechischen und lateinischen Wörtern für »Schwertrochen«. *Xiphactinus* könnte ein Raubfisch gewesen sein, war aber selbst auch Beute größerer Fische. In einem fossilen Hai der Art *Cretoxyrhina* wurden Knochen von *Xiphactinus* gefunden.

BELZEEBUFO

Nach dem Teufelsnamen Belzebub benannt, und nach dem lateinischen Wort *bufo* für »Kröte«. Fossilien von Teufelsfröschen wurden erstmals 1993 gefunden, doch erst 15 Jahre und 75 Fossilienfunde später bekam man heraus, wie das Tier aussah.

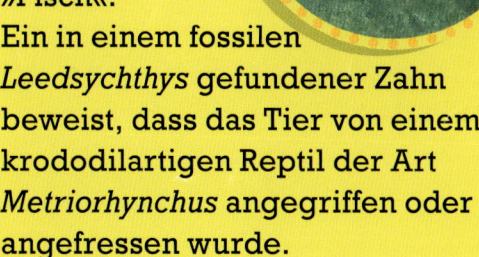

LEEDSICHTHYS

Benannt nach Alfred Leeds und dem griechischen Wort *ichthys* für »Fisch«. Ein in einem fossilen *Leedsychthys* gefundener Zahn beweist, dass das Tier von einem krododilartigen Reptil der Art *Metriorhynchus* angegriffen oder angefressen wurde.

QUETZALCOATLUS

Benannt nach dem Aztekengott Quetzalcoatl oder »Gefiederte Schlange«. Manche Forscher glauben, *Quetzalcoatlus* jagte an Land kleine Tiere, wie Störche es heute tun. Andere meinen, er hätte wie ein Geier Aas gefressen oder aber wie ein Seevogel Fische gefangen.

Vor 66 Mill. Jahren: Die Dinosaurier sterben aus.

STUPENDEMYS

Benannt nach dem griechischen Ausdruck für »erstaunliche Schildkröte«.
Die frühesten Schildkröten traten vor 220 Millionen Jahren auf. Als die Dinosaurier vor ungefähr 66 Millionen Jahren ausstarben, überlebten die Schildkröten, weil sie sehr genügsam sind.

ANDREWSARCHUS

Benannt nach dem Naturforscher Roy Chapman Andrews und dem griechischen Wort *archus*, »Herrscher«. *Andrewsarchus* gilt als das größte räuberische Landsäugetier aller Zeiten. Das größte heutige räuberische Landsäugetier ist der Eisbär.

LIVYATAN

Naturkundler benannten dieses Tier nach dem biblischen Seeungeheuer Leviathan, ohne zu wissen, dass den Namen bereits ein Mammut erhalten hatten. Deshalb wurde dieser Meeresbewohner in *Livyatan* umbenannt. Die Art *Livyatan melvillei* ist nach Herman Melvilla benannt, dem Autor des Waljägerromans Moby Dick.

TITANOBOA

Der Name bedeutet »Titanenboa« oder Riesenboa. Wovon ernährte sich *Titanoboa*? Sie lebte in sumpfigen Urwäldern Südamerikas, wo es auch Krokodile gab, die sie möglicherweise jagte. Vielleicht fraß sie auch Riesenschildkröten wie *Carbonemys*, obwohl deren über anderthalb Meter breiter Panzer wohl schwer verdaulich war.

PARACERATHERIUM

Benannt nach dem griechischen Ausdruck für »Nahezu hornloses Tier«. *Paraceratherium* wurde erstmals 1907/1908 entdeckt und erhielt diesen Namen, weil es dem ebenfalls nashornähnlichen *Aceratherium* ähnelte, dem »Hornlosen Tier«.

GIGANTHOPITECUS

Benannt nach dem griechischen Ausdruck für »Riesenaffe«.
Der Paläontologe Ralph von Koenigswald fand 1935 einen riesigen Backenzahn, und zwar in einer Apotheke in Hongkong! Das war der erste Hinweis auf die Existenz dieser Art. (Chinesen nennen fossile Tierzähne »Drachenzähne« und verwenden sie in der Volksmedizin.)

ELASMOTHERIUM

Benannt nach dem griechischen Ausdruck für »Dünne-Platten-Tier«.
Als die ersten Fossilien dieses riesigen, mit einem Nasenhorn ausgestatteten Tiers in Sibirien gefunden wurden, hielt man sie für Überreste von Einhörnern. Angeblich mussten die Hörner einzeln auf Schlitten transportiert werden. Manche bezeichnen diese Art immer noch als »Sibirisches Einhorn«.

SMILODON

Benannt nach dem griechischen Wort für »Dolch« oder »Schwert«.
Säbelzahnkatzen gingen vor 42 Millionen Jahren aus der Säugetierordnung der Raubtiere hervor. Ihre scharfen Sinne machten sie zu erfolgreichen Jägern. Smilodon war eine der letzten Säbelzahnkatzen.

MEGATHERIUM

Nach dem griechischen Ausdruck für »großes Tier« benannt.
Megatherium hinterließ nicht nur Knochen, sondern auch versteinerte Fußabdrücke. Sie beweisen, dass es sowohl auf den Hinterbeinen als auch auf allen vieren lief.

ELEFANTENVOGEL

Der Elefantenvogel sieht wie ein übergroßer Vogel Strauß aus, doch sein nächster Verwandter ist der nur hühnergroße und ebenfalls flugunfähige neuseeländische Kiwi. Der Elefantenvogel ist der größte Vogel aller Zeiten, könnte aber von einem kiwiähnlichen Vorfahren abstammen.

VERBORGENE VERGANGENHEIT

Paläontologie nennt man die Wissenschaft, die sich mit urzeitlichen Lebewesen befasst. Paläontologen suchen und untersuchen Fossilien ausgestorbener Tiere, um Schlüsse über deren Körperbau und Lebensweise zu ziehen. Ein Körperfossil ist ein versteinerter und in Gestein eingebetteter Körper oder Körperteil eines Lebewesens. Fossilien ein und derselben Art können an weit voneinander entfernt liegenden Orten gefunden werden. So wurden etwa Fossilien von *Paraceratherium*, des größten Landsäugetiers aller Zeiten, erstmals 1907/1908 in Belutschistan entdeckt und später dann auch in Kasachstan, in China und in der Mongolei.

Jeder kann Fossilien entdecken!

Um ein Geschöpf aus der Urzeit zu finden, braucht man kein ausgebildeter Paläontologe zu sein. Viele Fossilien wurden von Kindern gefunden. 2015 entdeckte ein Mädchen in Kanada das 25 Millionen Jahre alte Fossil eines flugunfähigen Vogels. Es handelte sich um eine bis dahin noch unbekannte Art aus der Gruppe der pinguinähnlichen *Plotopteriden*. Eine sehr berühmte Fossilienentdeckerin war die zwölfjährige Mary Anning, die 1811 an der englischen Südküste das erste vollständige Skelett des Meeresreptils *Ichtyosaurus* fand. Um Hobby-Paläontologe zu werden, kannst du dich einer Gruppe von Fossiliensuchern oder einem entsprechenden Verein anschließen.

Fossil eines Trilobiten, ein gepanzerter Meeresbewohner, der vor über 520 Millionen Jahren lebte.

Anhand von Fossilien versuchen die Forscher, das gesamte Tier zu rekonstruieren. Deshalb stellt ein vollständiges Skelett einen wahren Glücksfund dar. Meistens aber fehlen bei den Skeletten einige Knochen, weil sie nicht versteinerten oder von anderen Tieren gefressen wurden.

Für eine Rekonstruktion wird ein Skelett auch mit den Skeletten anderer Exemplare der Art verglichen. An bestimmten Auswüchsen und Kerben erkennen die Forscher, wo die Muskeln angewachsen waren. Sobald die Größe der Muskeln ermittelt ist, kann das gesamte Körpergewicht errechnet werden. Weil Haut nur selten erhalten bleibt, gehen die Meinungen über das äußere Aussehen einer Art oft auseinander. War das Tier hell oder dunkel, besaß es Fell oder Federn ... diese Rätsel zu lösen ist oft nicht leicht.

DER AUTOR

Matthew Rake lebt in London und ist seit über 20 Jahren Autor von Sachbüchern für Kinder und Erwachsenen. Zu seinen bevorzugten Themen zählen Naturwissenschaften, Sport und Kunst.

DER ILLUSTRATOR

Der mit zahlreichen Preisen ausgezeichnete Illustrator Simon Mendez liebt die Natur und zeichnet am liebsten Illustrationen für naturwissenschaftliche Bücher und Bücher über Tiere, sowie Porträts. Er lebt in Großbritannien.